La Vallée des Rois et des Reines

Une production TROIS-CONTINENTS
L'ensemble des documents publiés dans cet ouvrage
provient des archives appartenant à EDITA S.A.
Office du Livre, Compagnie du Livre d'Art (CLA) et Trois-Continents.

ISBN : 2 268 02818 6

DOMINIQUE MARIE

La Vallée des Rois et La Vallée des Reines

TROIS-CONTINENTS

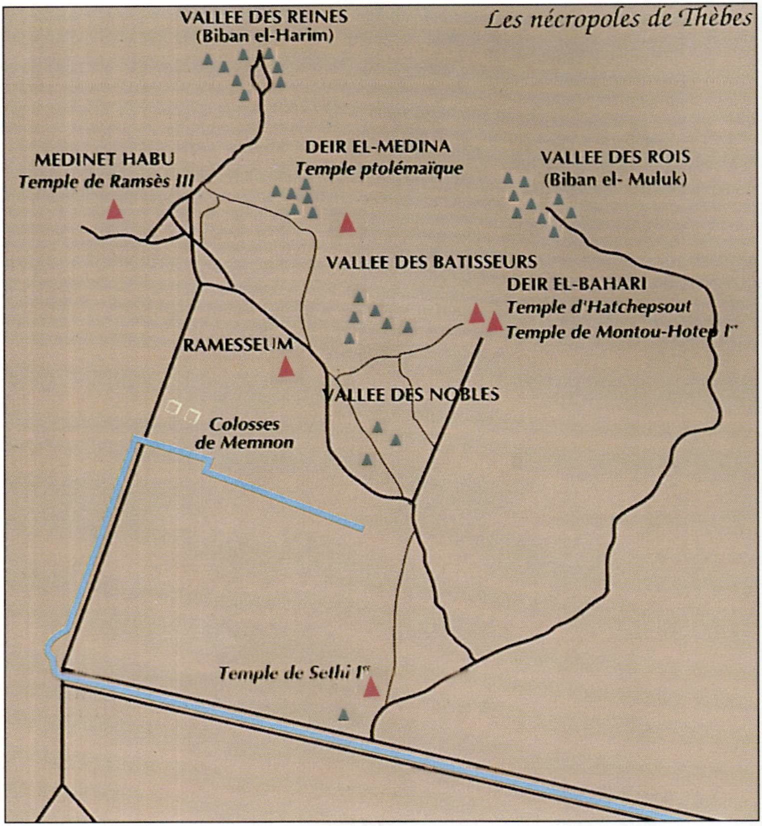
Les nécropoles de Thèbes
VALLEE DES REINES
(Biban el-Harim)
MEDINET HABU
Temple de Ramsès III
DEIR EL-MEDINA
Temple ptolémaïque
VALLEE DES ROIS
(Biban el- Muluk)
VALLEE DES BATISSEURS
DEIR EL-BAHARI
Temple d'Hatchepsout
Temple de Montou-Hotep Ier
RAMESSEUM
VALLEE DES NOBLES
Colosses
de Memnon
Temple de Sethi Ier

LA VALLÉE DES ROIS

Appelée par les Arabes Bibân el-Molouk, «les Portes des Rois» ou par les anciens Égyptiens *Ta sekhet-âat*, «la Grande Prairie», la Vallée des Rois est un ouadi complètement desséché s'ouvrant dans le désert.

Circulant perpendiculairement au Nil puis se dirigeant vers le sud, il se termine en cul-de-sac au pied d'une montagne de forme pyramidale appelée el-Qourn, «la Corne», laquelle est consacrée à la déesse-cobra Meretseger. C'est dans cette dernière partie que l'on a retrouvé les tombeaux des rois des XVIIIe, XIXe et XXe dynasties.

Après la défaite des Hyksôs, les souverains thébains de la XVIIIe dynastie commencèrent à se faire bâtir des ensembles funéraires dans un style qui convenaient à des rois victorieux. Si le temple funéraire exprimait ainsi leur puissance, le principe de l'hypogée pour le tombeau séparé fut retenu pour dissimuler leur dépouille.

Les rois, instruits par les scènes de pillage qui avaient accompagné l'invasion des Hyksôs, voulaient ainsi protéger leurs caveaux dans la roche de cette vallée sauvage et difficile d'accès. Certains d'entre eux réussirent à échapper aux voleurs; ce fut le cas pour Toutankhamon dont la tombe fut découverte intacte par Howard Carter en 1922.

C'est probablement Ahmosis, le fondateur de cette dynastie, qui eut cette idée, mais on n'en a retrouvé aucune trace jusqu'à maintenant. Le tombeau d'Aménophis Ier, son fils, se trouvait probablement à Abou el-Nagah, mais son emplacement n'est pas connu avec certitude.

Thoutmôsis Ier fut le premier à se faire creuser une sépulture au flanc d'une vallée désolée, au-delà de Deir el-Bahari, mais sa sépulture était simple avec une descenderie, une antichambre et la chambre sépulcrale, de forme ovale.

En principe, le site de la future tombe, ainsi que celui du temple funéraire, était choisi dès la première année du règne royal. Les ouvriers, du village proche de Deir el-Médineh, creusaient alors la falaise pendant cinq ou six ans pour réaliser le tombeau.

La vallée comprend deux branches principales, la Vallée orientale où sont la plupart des tombes, et la Vallée occidentale, appelée aussi vallée des Singes à cause d'une nécropole de singes proche. On y trouve les tombeaux d'Aménophis III et d'Aï. Il y a plus de soixante tombeaux dans la Vallée, mais un certain nombre d'entre eux ne sont pas des tombes royales, d'autres n'ont pu être achevés pour des raisons techniques et d'autres encore n'ont pu encore être attribués avec certitude. Toutes ces sépultures étaient assez éloignées de leur temple funéraire, «le château de millions d'années», lequel était à la limite des terres fertiles. Les accès aux tombes royales n'étaient pas cachés à l'époque de leur

LA VALLÉE DES ROIS PAR DAVID ROBERTS, EN 1838

construction, mais les sceaux de leur porte étaient régulièrement inspectés. Malgré ces précautions, les tombes commencèrent à être violées dès la XXe dynastie et les prêtres durent transférer un certain nombre de dépouilles royales dans des cachettes comme celle de Deir el-Bahari. La Vallée des Rois fut «redécouverte» après des siècles d'oubli par les Grecs de l'Époque ptolémaïque et devint dès lors un site de visite, également pour les Romains, avant de sombrer à nouveau dans l'indifférence jusqu'à ce que Claude Sicard ne la repérât entre 1708 et 1712. Les découvertes se succèdèrent alors: James Bruce découvrit le tombeau de Ramsès III en 1769, les savants de l'expédition napoléonienne cartographièrent le site, Giovanni Battista Belzoni ouvrit l'hypogée de Séthi Ier en 1817, Victor Loret dégagea le caveau d'Aménophis II en 1898 et Howard Carter découvrit la tombe de Toutankhamon en 1922.

Conçu sur une longue période, de la XVIIIe dynastie à la XXe dynastie, le plan des tombeaux royaux de la Vallée des Rois présente de notables complications. Généralement

il comprend une longue galerie souterraine, inclinée, avec une ou plusieurs salles, qui se termine dans la chambre funéraire. Dans les premières tombes, la galerie tourne à droite ou à gauche, habituellement à angle droit, peu après l'entrée; elle devient rectiligne à partir de la fin de la XVIIIe dynastie. Sa longueur peut devenir considérable, par exemple 105 mètres pour celle d'Horemheb, 88 mètres pour celle de Siptah, 83 mètres pour celle de Ramsès VI.

Le plan du tombeau de Thoutmôsis III se complique en ajoutant un puits, destiné peut-être à égarer les voleurs, et

des petites salles autour de la chambre funéraire. Elle se compose de deux grandes salles souterraines creusées l'une au-dessus de l'autre. Les parois de la chambre funéraire, sans angles, forment une sorte de grand papyrus déployé, orné de vignettes et de textes hiéroglyphiques en noir et rouge empruntés au Livre de l'Amdouat, qui décrit le voyage du soleil dans l'au-delà.

Les murs de la salle supérieure, la seule qui soit décorée, décrit sept cent quarante divinités et génies, chacun accompagné de son nom. Ces illustrations, comme celles des autres tombeaux ne représentent jamais de scènes de la vie quotidienne; elles sont exclusivement consacrées à la vie dans l'au-delà et au voyage que le roi doit entreprendre pour parvenir au royaume d'Osiris.

Ces textes et illustrations sont tous des extraits du Livre des Morts, du Livre de l'Amdouat, du Livre des Portes et du Livre des Cavernes, qui donnent au défunt les aides et les formules magiques qui lui permettent d'arriver sans encombres dans les jardins d'éternité.

Le plan des tombeaux se développe encore sous Aménophis II et Horemheb en dessinant une chambre funéraire rectangulaire où l'orientation des angles est soigneusement notée et les murs recouverts de grands bas-reliefs et de fines peintures.

L'hypogée de Séthi Ier devient immense avec une longueur de 105 mètres et neuf chambres reliées par des corridors, entièrement sculptées de bas-reliefs et peintes. Le tombeau de Toutankhamon, le dernier découvert, fait exception dans la série. Il est très simple de plan et semble avoir été très rapidement creusé; il se compose de trois petites chambres, peu profondes et sans piliers.

En résumé, la Vallée des Rois est principalement le royaume des Ramsès, avec Ramsès Ier, le père de toute la lignée des Ramessides, son fils Séthi Ier et les Ramsès II, III, IV, VI, VII et IX.

LA VALLÉE DES ROIS.

LES COLOSSES DE MEMNON SE TROUVAIENT À L'ENTRÉE DU TEMPLE D'AMÉNOPHIS III
CI-DESSOUS :
VUE SUR LES COLOSSES DE MENNON DEPUIS LE RAMESSEUM

TOMBE DE THOUTMÔSIS III. LE SARCOPHAGE DANS LA CHAMBRE FUNÉRAIRE.

TOMBE DE THOUTMOSIS III

Il faut emprunter un escalier en fer pour gravir les dix mètres environ qui séparent l'entrée de la sépulture de la vallée. On s'enfonce alors dans un corridor descendant qui mène à deux salles puis à un puits profond de cinq mètres. Cet obstacle franchi, une grande salle soutenue par deux piliers est recouverte du catalogues des sept cent quarante divinités. Un escalier mène ensuite à une vaste salle, également soutenue par deux piliers; ceux-ci montrent en particulier l'allaitement du roi par l'Isis du Sycomore. Cette salle sans angles ressemble à un gigantesque cartouche royal, de 15 mètres sur 9 mètres, dont les murs sont recouverts des hiéroglyphes noirs et rouges du Livre de l'Amdouat. Au fond de la salle se trouve le sarcophage du roi. La momie du roi fut déouverte à Deir el-Bahari.

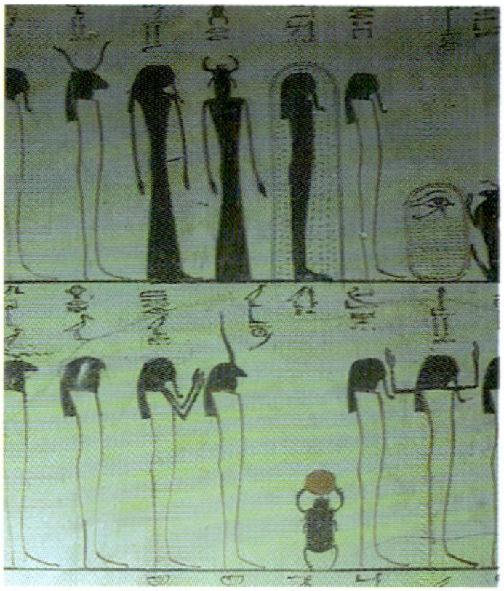

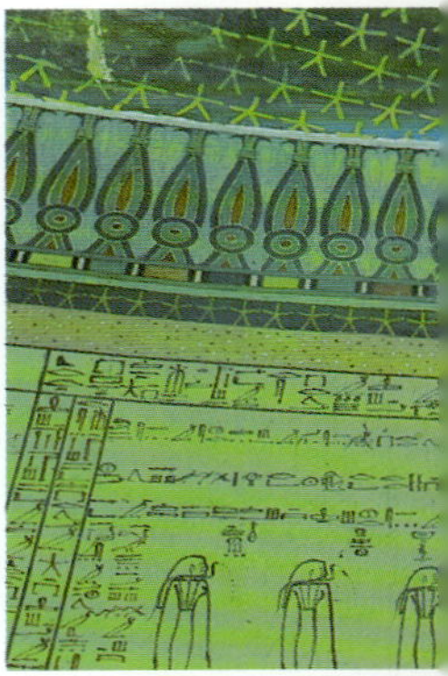

TOMBE DE THOUTMÔSIS III. UN DES PILIERS DE LA CHAMBRE FUNÉRAIRE MONTRANT LE PHARAON SUR UNE BARQUE SOLAIRE ET, AU REGISTRE INFÉRIEUR, À DROITE, LE PHARAON ALLAITÉ PAR L'ISIS DU SYCOMORE.

CI-DESSOUS :
TOMBE DE THOUTMÔSIS III. SCÈNE ILLUSTRANT LA QUATRIÈME HEURE DE LA NUIT: LA BARQUE, DIRIGÉE PAR LE DIEU SOLAIRE À TÊTE DE BÉLIER, DESCEND DANS LA CAVERNE DE SOKARIS.

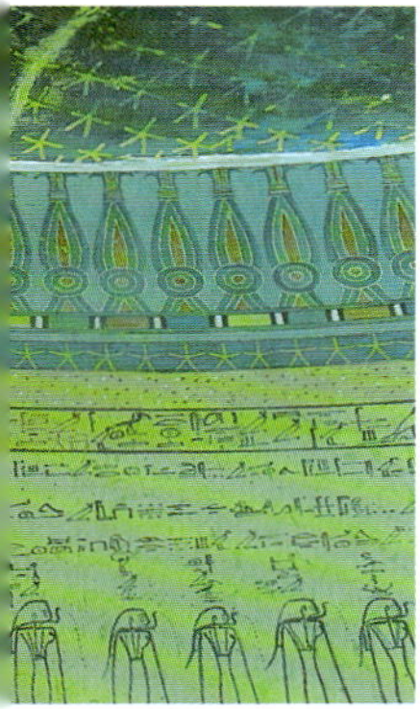

CI-DESSUS :
TOMBE DE
THOUTMÔSIS III. DÉTAIL
DU PLAFOND ÉTOILÉ DE
LA CHAMBRE
FUNÉRAIRE.

CI-CONTRE :
TOMBE DE
THOUTMÔSIS III. LE
SERPENT SOKARIS
DÉLIMITE ET TRACE
L'OEUF COSMIQUE; CET
ESPACE ENTOURE LE
SOLEIL NAISSANT SOUS
LA FORME DE KHÉPRI.

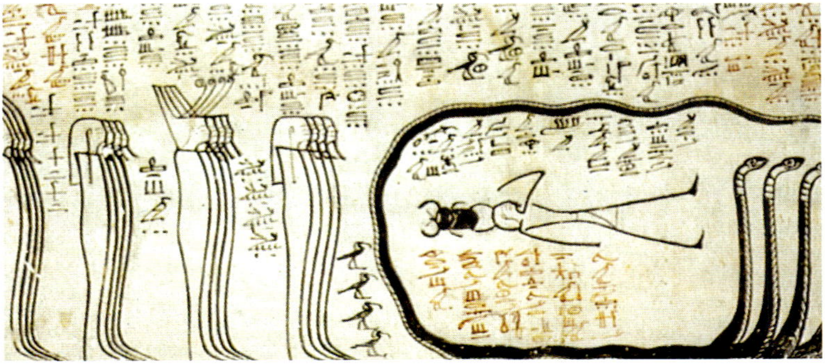

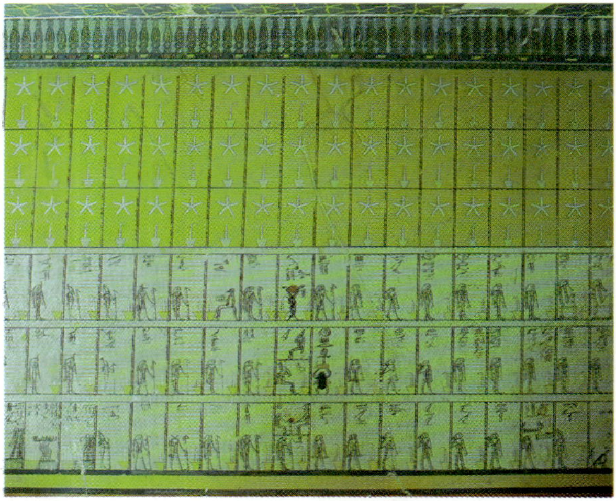

TOMBE DE THOUTMÔSIS III. REPRÉSENTATIONS SCHÉMATIQUES ET SYMBOLIQUES DES OFFRANDES OFFERTES AUX DIEUX DU CIEL ET AUX GÉNIES DE L'AU-DELÀ.

PAGE DE DROITE : TOMBE DE THOUTMÔSIS III. DÉTAIL DU LIVRE DE L'AMDOUAT.

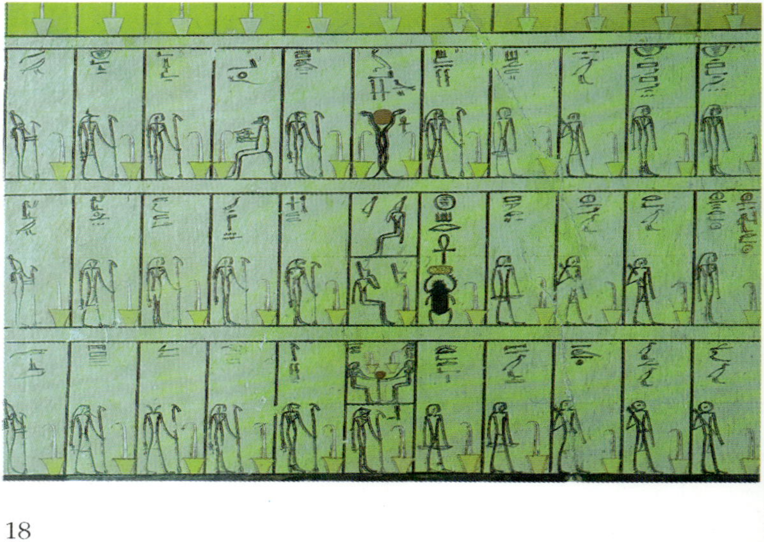

PAGE DE GAUCHE : STATUE D'AMÉNOPHIS II PRÉSENTANT L'OFFRANDE DU VIN. TOMBE D'AMÉNOPHIS II. SARCOPHAGE EN QUARTZITE QUI CONTENAIT, LE JOUR DE SA DÉCOUVERTE, LA MOMIE INTACTE, LE COU ENTOURÉ D'UNE GUIRLANDE DE FLEURS.

TOMBE D'AMÉNOPHIS II

Fils de Thoutmôsis III, Aménophis II régna vingt-cinq ans sur l'Égypte. Il réprima une révolte syrienne et fit épouser à son fils une princesse du Mitanni, un autre pays ennemi de l'Égypte. La porte du tombeau, qui s'ouvre au pied d'un rocher à pic, débouche sur un couloir que barre un puits de six mètres qu'il faut franchir pour arriver à l'appartement funéraire. Dans la chambre funéraire, se trouve le sarcophage en quartzite peint dont la momie resta exposée dans la tombe jusqu'en 1934, date à laquelle elle fut transportée au Musée du Caire. Les décors de ce tombeau sont de même style graphique que celui de Thoutmôsis III.

TOMBE D'AMÉNOPHIS II.
DIVINITÉS, VASES
CANOPES ET AUTRES
SYMBOLES DE
RÉSURRECTION.

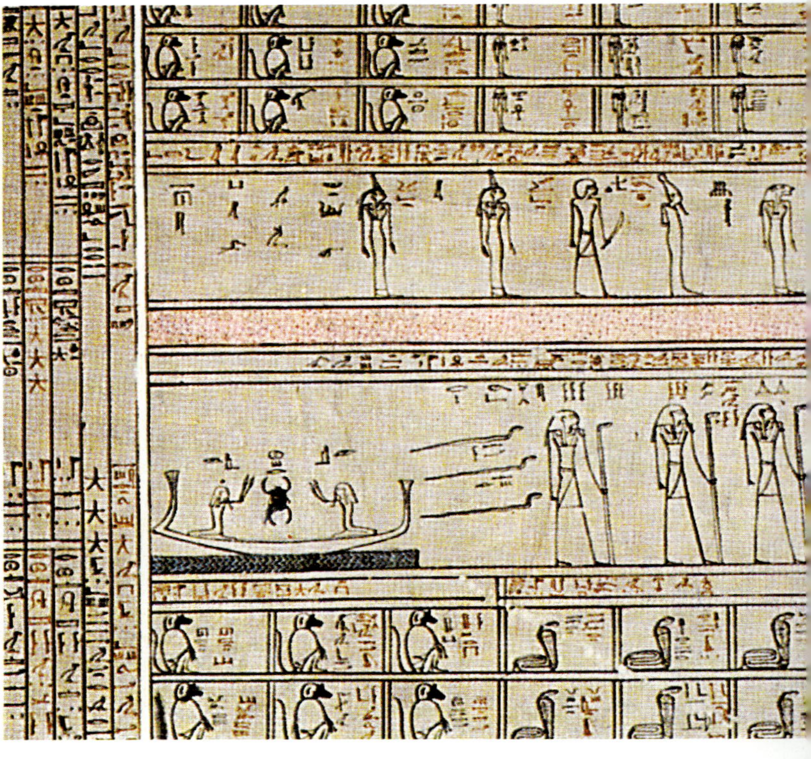

TOMBE D'AMÉNOPHIS II. LE PHARAON AMÉNOPHIS II, NANTI DE DEUX TÊTES, L'UNE PORTANT LA COURONNE DE HAUTE-ÉGYPTE, L'AUTRE CELLE DE BASSE-ÉGYPTE, PRÉCÉDÉ DU SERPENT SOLAIRE.

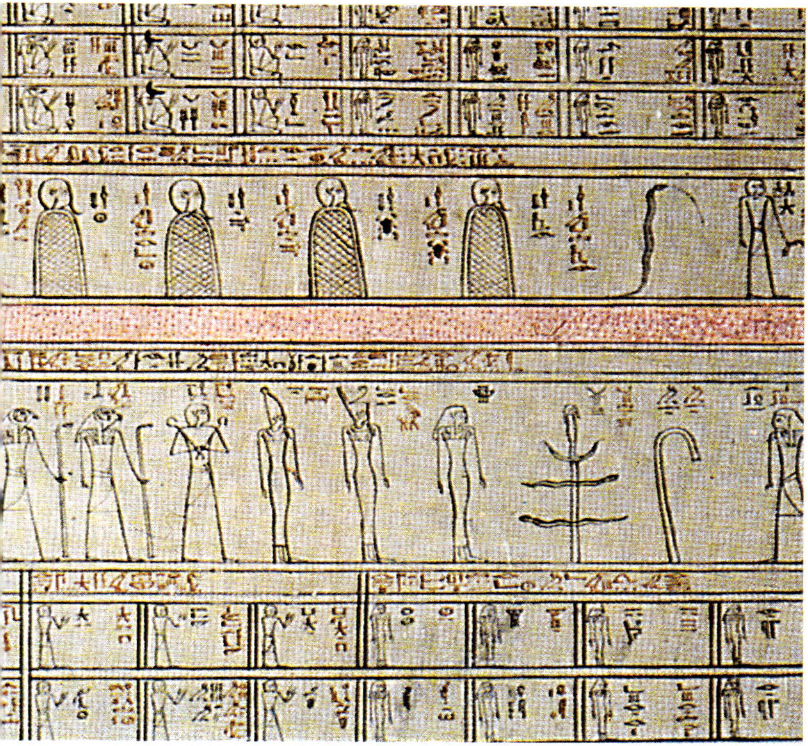

TOMBE DE TOUTANKHAMON

Le 4 novembre 1922, près de la tombe de Ramsès VI fut découvert un gradin de pierre puis seize qui menaient à une porte murée. Après avoir fait recouvrir le tout pour faire venir d'Angleterre le mécène de cette entreprise, lord Carnavon, sa fille lady Evelyn et l'architecte Callender, l'archéologue Howard Carter abattit, vingt jours plus tard, une seconde porte et pratiqua une ouverture dans le mur d'une antichambre qui s'avéra l'une des plus riches du patrimoine artistique mondial. De toute l'histoire de l'archéologie égyptienne, c'était la première tombe royale découverte pratiquement intacte. Deux tentatives de pillage dans l'Antiquité n'avaient eu aucune conséquence fâcheuse. Le seul déblaiement de l'antichambre dura une cinquantaine de jours et les dernières pièces furent enlevées en novembre 1930.

PAGE DE GAUCHE : TOMBE DE TOUTANKHAMON. SALLE DU TRÉSOR CONTENANT LA STATUE D'ANUBIS ENCORE PROTÉGÉE PAR UN DRAP DE LIN.

PECTORAL, PROVENANT DE LA TOMBE DE TOUTANKHAMON. IL REPRÉSENTE SEKHMET ET SON ÉPOUX PTAH ENTOURANT LE PHARAON.

TOMBE DE TOUTANKHAMON. CHAMBRE FUNÉRAIRE AVEC LE SARCOPHAGE DE QUARTZITE. SUR LES MURS DE GAUCHE, DES BABOUINS OUVRENT LES PORTES DE L'AU-DELÀ. SUR LA PAROI DE FACE, ON PEUT VOIR, DE GAUCHE À DROITE, LE PHARAON SUIVI DE SON DOUBLE SALUANT OSIRIS, LA DÉESSE DU CIEL NOUT, LE PHARAON EN PERRUQUE COURTE ET LA MOMIE DU ROI REPRÉSENTÉE SOUS LA FORME D'OSIRIS.

UNE DES DEUX STATUES, GRANDEUR NATURE GARDENT L'ENTRÉE DE LA CHAMBRE FUNÉRAIRE DE TOUTANKHAMON. L'INSCRIPTION SUR LE PAGNE INDIQUE QU'IL S'AGIT DU *KA* DU PHARAON

PECTORAL FIGURANT NEKHBET TENANT DANS SES GRIFFES LES SIGNES PROTECTEURS *CHENOU*

PAGE DE GAUCHE : CERCUEIL INTÉRIEUR EN OR DE TOUTANKHAMON

Le corridor d'entrée de la tombe mènait à une première antichambre dans laquelle étaient entreposés, entre autres objets, des chars démontés, le célèbre trône du jeune roi, trois grands lits rituels, le coffre figurant le roi sur son char luttant contre les ennemis de l'Égypte et une série de boîtes ovoïdes recouvertes de mastic blanc qui contenaient de la viande et des morceaux d'animaux destinés à nourrir le défunt. Deux grandes statues grandeur nature, noire et or, figuraient le double du souverain et gardaient la porte d'entrée à la chambre funéraire. Une autre pièce, attenante à l'antichambre, contenait des lits et de chaises pêle-mêle. La chambre funéraire contenait les différents sarcophages du pharaon emboîtés les uns dans les autres pour protéger la momie. L'ensemble était mis dans un énorme sarcophage quadrangulaire en quartzite. Une autre salle, appelée le Trésor jouxtait la chambre funéraire. Elle contenait un grand coffre à canopes entouré de quatre déesses protectrices, d'une trentaine de modèles réduits de barques rituelles, d'une cinquantaine de coffrets divers et de la statue d'Anubis fixée sur un palanquin en forme de chapelle.

DÉTAIL DU LIT FUNÉRAIRE DE TOUTANKHAMON FIGURANT LA DÉESSE HATHOR

CI-DESSUS :
FLABELLUM EN OR,
MONTRANT LE
PHARAON CHASSANT
L'AUTRUCHE.

CI-CONTRE :
COLLIER ARTICULÉ
COMPOSÉ
DU VAUTOUR
NEKHBET, ET DU
COBRA OUADJET,
RETROUVÉ DANS
LES BANDELETTES
DE LA MOMIE
DE TOUTANKHAMON

UN DES OUSHEBTI DE TOUTANKHAMON. DANS SA TOMBE, IL Y AVAIT 413 « HOMMES DE REMPLACEMENTS » REGROUPÉS DANS DES COFFRES.

CI-DESSOUS : HOMMES DE REMPLACEMENT EN FAÏENCE BLEUE.

PENDENTIF DE TOUTANKHAMON FIGURANT L'ŒIL *OUDJAT* FLANQUÉ DE NEKHBET ET DE OUADJET.

CI-DESSOUS :
COFFRE EN ALBÂTRE
CONTENANT LES
VISCÈRES DE
TOUTANKHAMON

CI-DESSOUS :
COUVERCLE DE VASE CANOPE OU VASE À VISCÈRES À L'EFFIGIE DE TOUTANKHAMON.

LA DÉESSE SELKIS GARDIENNE DES VISCÈRES. TOMBE DE TOUTANKHAMON.

MASQUE FUNÉRAIRE DE TOUTANKHAMON PESANT 11 KG D'OR PUR DE PIERRES SEMI PRÉCIEUSES ET DE PÂTE DE VERRE.

TROISIÈME SARCOPHAGE DE TOUTANKHAMON EN OR MASSIF.

TOMBE DE HOREMHEB. BAS-RELIEFS FIGURANT LE VOYAGE NOCTURNE DU SOLEIL. ICI, KHNOUM À TÊTE DE BÉLIER EST AU CENTRE DE LA BARQUE SOLAIRE. LA PAROI, INACHEVÉE, MONTRE ENCORE LE TRACÉ ROUGE DES ESQUISSES ET LA CONSTRUCTION DES REGISTRES DE TEXTES ET D'IMAGES.

TOMBE DE HOREMHEB

Horemheb fut le dernier pharaon de la XVIIIe dynastie, bien que n'étant pas de sang royal. Général, il avait succédé au vieux roi Aï et avait rétabli le culte d'Amon après la période «hérétique» d'Akhénaton. Sa tombe, découverte par Edward Ayrton, marque une différence fondamentale dans le plan des hypogées avec son long couloir, qui ne se courbe plus à angle droit comme auparavant, et une complexité plus grande. Les bas-reliefs illustrant le répertoire funèbre habituel sont encore peints de couleurs fraîches comme au moment de leur tracé.

HOREMHEB OFFRE DEUX VASES. PAROI DE LA CHAMBRE FUNÉRAIRE.

TOMBE DE HOREMHEB.
HORUS COIFFÉ
DE LA DOUBLE
COURONNE DE HAUTE
ET BASSE-ÉGYPTE.

TOMBE DE HOREMHEB.
LE PHARAON PRIANT
DEVANT LA DÉESSE
HATHOR.

TOMBE DE SETHI IER

La tombe de Séthi Ier, découverte en 1815 par Belzoni, est le plus remarquable des grands hypogées royaux. Elle mesure 105 mètres de longueur. Un escalier de vingt-sept marches descend en profondeur pour tomber dans un couloir d'où partent une nouvelle série de corridors et d'escaliers, avec un puits, et deux salles vides, destinés à égarer les pilleurs. Un escalier latéral à la première de ces fausses chambres funéraires donne sur une nouvelle série de couloirs et d'escaliers qui mènent à l'appartement funéraire. Une antichambre, à six piliers et deux chapelles latérales, ouvre enfin sur la chambre

CI-DESSUS :
SÉTHI IER

PAGE DE GAUCHE :
SÉTHI IER AVEC LA
DÉESSE HATHOR

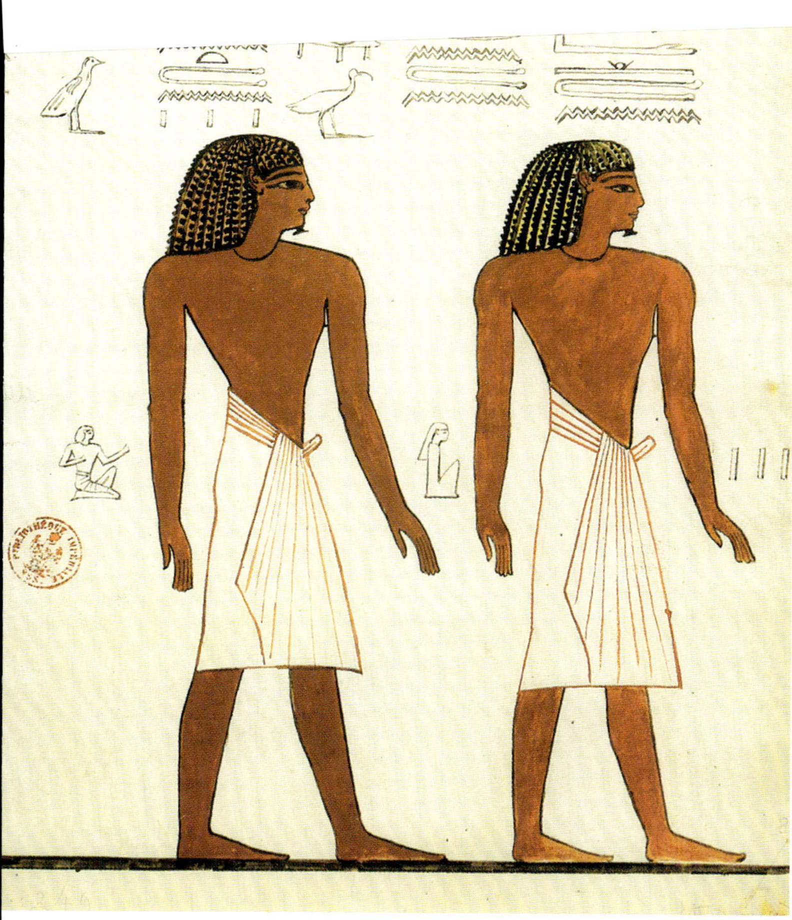

PAGES PRÉCÉDENTES :
HORUS AVEC DES
EGYPTIENS
TOMBE DE SETHI 1ER

BAS-RELIEF DE SETHI 1ER
À ABYDOS,
REPRÉSENTANT LE
PHARAON RENDANT
HOMMAGE À MAÂT,
LA DÉESSE DE LA
VÉRITÉ, FILLE DE RÊ.

du sarcophage. Cette salle, voûtée, contenait un sarcophage d'albâtre, aujourd'hui dans la collection Soane en Angleterre. Cet énorme hypogée devait s'enfoncer encore davantage dans la terre; sous le sarcophage était creusée une galerie praticable sur près d'une cinquantaine de mètres. Elle devait, selon la légende, déboucher près du temple d'Hatshepsout à Deir el-Bahari, site dans lequel fut découvert la momie du pharaon. La décoration de la tombe, la plus belle jamais mise à jour selon Belzoni, recouvre les parois, les piliers et les plafonds de peintures et de bas-reliefs denses de significations et de symboles.

TOMBE DE SÉTHI IER. DÉTAIL DES DIEUX DES ENFERS.

SÉTHI Ier FAIT UNE
OFFRANDE À HATOR,
LE ROI ANUBIS,
SÉTHI Ier ET ISIS, RELIEFS
PEINTS DANS LE
TEMPLE DE SÉTHI Ier.

DOUBLE PAGE
SUIVANTE :
TEMPLE DE SÉTHI IER À
QOURNAH PAR LEPSIUS.

TOMBE DE RAMSES IER

Le règne de Ramsès Ier, le fondateur de la XIXe dynastie, fut très bref, à peine deux ans. Ce pharaon conquérant, associa très tôt son fils au pouvoir et fit de Tanis la capitale de son royaume. Sa tombe est d'une structure très simple, probablement à cause du règne très court du roi. Un long corridor à pente raide, coupé d'escaliers, mène directement à la chambre funéraire, celle-ci étant flanquée de deux petites chapelles latérales. La salle du sarcophage est très ornée.

PAGES SUIVANTES : ILLUSTRATION FIGURANT SUR LES PAROIS DE LA CHAMBRE FUNÉRAIRE DE RAMSÈS II

PAGE DE DROITE : DANS LA CHAMBRE FUNÉRAIRE DE RAMSÈS I OSIRIS TENANT LE SCEPTRE ET LE FLÉAU

CI-CONTRE : TOMBE DE RAMSÈS IER. RAMSÈS IER ENTRE ANUBIS ET HORUS.

TOMBE DE RAMSES III

Ramsès III est le deuxième souverain de la XXe dynastie et le dernier grand pharaon du Nouvel Empire. Sa tombe est connue comme le «Tombeau des harpistes», en raison des fresques peintes dans une chambre latérale et qui sont inhabituelles dans l'art égyptien; elles représentent deux harpistes jouant en l'honneur des divinités. La tombe, qui mesure 125 mètres de long, descend seulement à dix mètres au-dessous du niveau de la Vallée des Rois. Elle fut insérée

PAGE DE DROITE : HORUS ET SETH COURONNANT RAMSÈS III. MUSÉE DU CAIRE.

TOMBE DE RAMSÈS III. DÉTAIL DE LA DÉCORATION DE LA TOMBE, VASES ET DÉFENSES D'ÉLÉPHANTS.

31
14

AMBASSADEURS LIBYENS ET ASIATIQUES REPRODUITS PAR BERTIN DANS LA TOMBE DE RAMSÈS III

222

dans un ensemble funéraire inachevé prévu pour son père, le roi Sethnakht. Le sarcophage, taillé dans un bloc de granit rose, est aujourd'hui au Louvre. Cette tombe a vu se produire les premières grèves de l'histoire; à plusieurs reprises, les artisans chargés de son aménagement cessèrent le travail pour obtenir le versement régulier de leurs salaires.

TOMBE DE RAMSÈS III. LE DIEU PTAH-SOKARIS, FIGURÉ SOUS LA FORME D'UN FAUCON SURMONTÉ DE L'OEIL *OUDJAT*, TRÔNE DANS SA BARQUE SOLAIRE. SUR LE REGISTRE INFÉRIEUR, À DROITE, LES CINQ NOMS DE RAMSÈS III ÉCRITS EN UTILISANT L'IMAGE DE CINQ DIVINITÉS.

PAGE DE DROITE : TOMBE DE RAMSÈS III. LE PHARAON FAISANT DES OFFRANDES AUX DIEUX.

TOMBE DE RAMSES IV

La tombe de ramsès IV, fils de Ramsès III, est la première tombe que l'on rencontre en arrivant au centre de la Vallée des Rois. De petites dimensions, elle ne mesure que 66 mètres de longueur. A partir du Vᵉ siècle, elle fut utilisée comme église par une petite communauté chrétienne de la Vallée. La décoration de cette tombe est dominée par des scènes tirées du *Livre des Morts, du Livre des Portes et du Livre des Cavernes.*

TOMBE DE RAMSÈS IV. VUE DU CORRIDOR MENANT À LA CHAMBRE FUNÉRAIRE. LES CARTOUCHES DU PLAFOND RAPPELLENT LE NOM DU DÉFUNT ET SUR LES ARCHITRAVES, ON APERÇOIT LA REPRÉSENTATION DU DISQUE SOLAIRE AILÉ.

TOMBE DE RAMSES VI

Autrefois appelée «Tombe de Memnon», et même «Tombe de la Métempsycose» par les savants de l'expédition d'Égypte de 1798, elle fut découverte par James Burton. Comme les autres grandes tombes des Ramessides, elle avait son entrée beaucoup plus haute que le fond de la Vallée des Rois. Elle présente un plan linéaire avec un corridor menant à un vestibule, une salle à piliers, un second couloir et un second vestibule précédant la chambre funéraire. Comme certaines salles précédentes, cette dernière a un plafond entièrement décoré de scènes astronomiques et de la création du disque solaire. La déesse du ciel Nout est représentée deux fois enveloppant la sphère orientale et la sphère occidentale. Cette tombe a été profanée dès l'Antiquité comme en témoignent les graffitis grecs et coptes gravés sur les parois.

TOMBE DE RAMSÈS VI. CORRIDOR D'ACCÈS À LA CHAMBRE FUNÉRAIRE.

PAGE DE DROITE :
TOMBE DE RAMSÈS VI.
VUE GÉNÉRALE DE LA
CHAMBRE FUNÉRAIRE.

TOMBE DE RAMSÈS VI.
NOUT AVALANT LE
SOLEIL À SON COUCHER.

PAGES SUIVANTES :
TOMBE DE RAMSÈS VI.
REPRÉSENTATIONS DE
LA VOÛTE CÉLESTE ET
DE LA CRÉATION DU
SOLEIL.

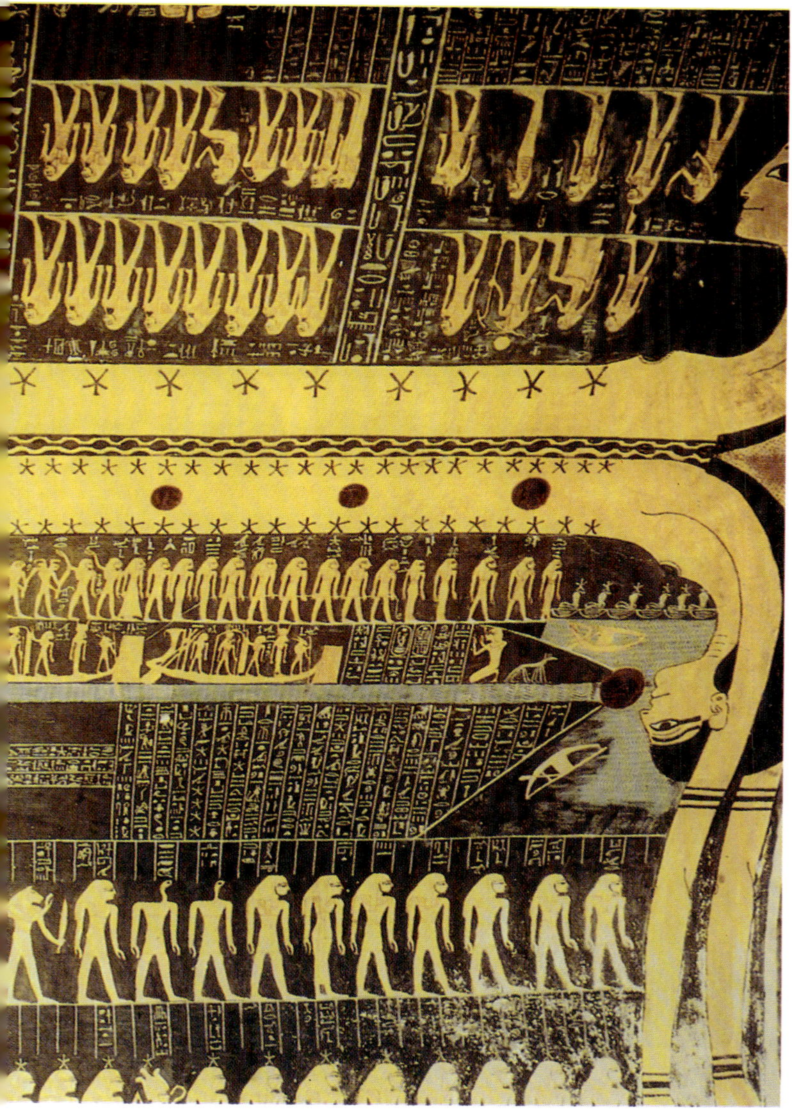

TOMBE DE RAMSÈS VI.
LA DÉESSE-VAUTOUR
NEKHBET.

CI DESSOUS DE GAUCHE
À DROITE :
TOMBE DE RAMSÈS VI.
CIEL ÉTOILÉ ET
CARTOUCHES ROYAUX.
TOMBE DE RAMSÈS VI.
EXTRAIT DES LIVRES
SACRÉS.

TOMBE DE RAMSES IX

Le règne de Ramsès IX fut un règne de désordre et de famines. Cette tombe de l'un des derniers Ramessides est en très mauvais état. On y retrouva une énorme paire de patins provenant du traineau sur lequel le sarcophage fut transporté ainsi que plusieurs centaines de plaquettes de terre cuite sur lesquelles les ouvriers avaient noté la liste de leurs outils, leurs heures de travail, la liste des provisions. Un large escalier conduit à un corridor donnant sur deux salles, dont l'une à piliers qui mène à la chambre funéraire. Cette dernière est en assez bon état.

PAGE DE GAUCHE : TOMBE DE RAMSÈS IX. DÉTAIL DES TEXTES SACRÉS DE LA PAROI DU CORRIDOR.

TOMBE DE RAMSÈS IX. LE CORRIDOR MENANT À LA CHAMBRE FUNÉRAIRE EST COMPOSÉ DE TROIS SECTIONS MARQUÉES PAR UN ENSEMBLE DE PILASTRES ET LINTEAUX DÉCORÉS.

La vallée des Reines

LA VALLÉE DES REINES

Appelée par les Arabes Bibân el-Harim, «les Portes des Reines» ou, par les anciens Égyptiens *Ta set neferou*, «le lieu des enfants du Roi», la Vallée des Reines est située à l'extrême sud de l'immense nécropole thébaine, dans un défilé éloigné de quinze cents mètres de la Vallée des Rois. De 1903 à 1906, une campagne italienne de fouilles dirigée par Ernesto Schiaparelli a mis à jour environ quatre-vingt tombes, très endommagées; certaines de ces tombes servaient même d'écurie. Depuis cette date, on a découvert plus d'une centaine de tombes creusées à partir de la XVIIIe dynasties, tout d'abord réservées aux princesses et aux princes de sang, puis, sous Ramsès Ier, aux Grandes Epouses royales. Les deux plus beaux hypogées sont ceux d'Amon-her-Khepchef, un jeune fils de

Ramsès III, et de Néfertari, l'épouse préférée de Ramsès II. Les peintures de cette dernière sont d'une grande finesse d'exécution; la plus célèbre d'entre elles nous montre la reine jouant au jeu de senet. Trois autre tombes méritent d'être citées, celle de la reine Thiti, Grande Epouse d'un souverain de la XXe dynastie, probablement Ramsès IV, et celle de Khâemouaset, un autre fils de Ramsès III. On trouve encore les tombeaux de Sat-Rê, de Parê-her-Oumenf, de Set-her-Khépechef, de Mérit-Amon, de Touy et d'Isis.

TOMBE DE NÉFERTARI

La tombe de Néfertari fut creusée sur le flanc ouest de la Vallée des Reines dans une veine de roche très friable qui obligea à recouvrir les murs d'un épais stuc crayeux. Elle mesure environ 27,50 mètres de long et se trouve à 8 mètres au-dessous du niveau du sol. Lorsqu'elle fut mise à jour par Schiaparelli, en 1904, elle avait déjà été violée depuis très longtemps et le mobilier funéraire, ainsi que toutes les richesses avaient disparu. Seule la qualité de ses peintures permet d'affirmer que la tombe devait être la plus importante de la Vallée.

TOMBE DE NÉFERTARI. LA REINE JOUANT AU JEU DE SENET, SYMBOLE DE VOYAGE DANS L'AU-DELÀ.

PAGE DE GAUCHE :
TOMBE DE NÉFERTARI.
LA REINE COIFFÉE DE
LA DÉPOUILLE DE
NEKHBET.

TOMBE DE NÉFERTARI.
THOT À TÊTE D'IBIS
ÉCOUTANT NÉFERTARI
RÉCITER LES FORMULES
MAGIQUES POUR
OBTENIR LA PALETTE
DE SCRIBE.

TOMBE DE NÉFERTARI.
LES SEPT VACHES
DIVINES ET LES QUATRE
CADRANS DU CIEL,
FIGURÉS PAR DES
GOUVERNAILS.

PAGES SUIVANTES :
VESTIBULE DE L'ANTI-
CHAMBRE DE
NÉFERTARI

PAGES PRÉCÉDENTES : TOMBE DE NÉFERTARI. CHAMBRE DU SARCOPHAGE DE LA TOMBE. DES PILIERS *DJED* SONT PEINTS SUR LES PILIERS SOUTENANT LE PLAFOND ORNÉ D'UN CIEL ÉTOILÉ ET DEUX FIGURATIONS D'OSIRIS VEILLENT SUR LES PILIERS DE PREMIER PLAN.

TOMBE DE KHAEMOUASET

Khâemouaset est le fils de Ramsès III et probablement frère cadet d'Amon-her-Khepechef. Sa tombe rappelle celle des rois, mais en réduction. La décoration se compose de scènes aux couleurs intenses et brillantes.

TOMBE DE KHÂEMOUASET. DÉTAIL DE LA TROISIÈME ET DERNIÈRE CHAMBRE DE LA TOMBE. ELLE REPRÉSENTE RAMSÈS III, COIFFÉ DU NÉMÈS ROYAL, FAISANT DES OFFRANDES À THOT. A DROITE, LE ROI, COIFFÉ D'UNE PERRUQUE COURTE, REND HOMMAGE À D'AUTRES DIVINITÉS.

PAGE DE DROITE : TOMBE DE KHÂEMOUASET. LE JEUNE PRINCE, COMME TOUS LES ENFANTS ÉGYPTIENS, A UNE SEULE TRESSE ET LE RESTE DU CRÂNE RASÉ.

TOMBE DE AMON-HER-KHEPECHEF. LES QUATRE FILS D'HORUS PROTECTEURS DES VASES CANOPES.

TOMBE DE AMON-HER-KHEPECHEF. RAMSÈS III RENDANT HOMMAGE AUX DIEUX.

TOMBE DE AMON-HER-KHEPECHEF

Cette tombe avait été réalisée pour un autre fils de Ramsès III avant de recevoir la dépouille de Amon-Her-Khepechef. Elle a été découverte en 1904 par Schiaparelli. Très simple de structure, elle se compose d'un escalier menant à un vestibule carré et d'un corridor introduisant à la chambre funéraire. Les peintures sont caractérisées par une intense couleur turquoise dominant toutes les autres couleurs, pourtant vives et intenses. Cette sépulture est considérée comme la plus belle de la Vallée des Reines, après celle de Néfertari.

TOMBE DE AMON-HER-KHEPECHEF. CHAMBRE FUNÉRAIRE AVEC LE SARCOPHAGE.

TOMBE DE AMON-HER-KHEPECHEF. LE DIEU KHNOUM À TÊTE DE BÉLIER AUX CÔTÉS DU PRINCE AMON-HER-KHEPECHEF.

TOMBE DE AMON-HER-KHEPECHEF. ENTRÉE DE LA CHAMBRE FUNÉRAIRE AVEC LE SARCOPHAGE.

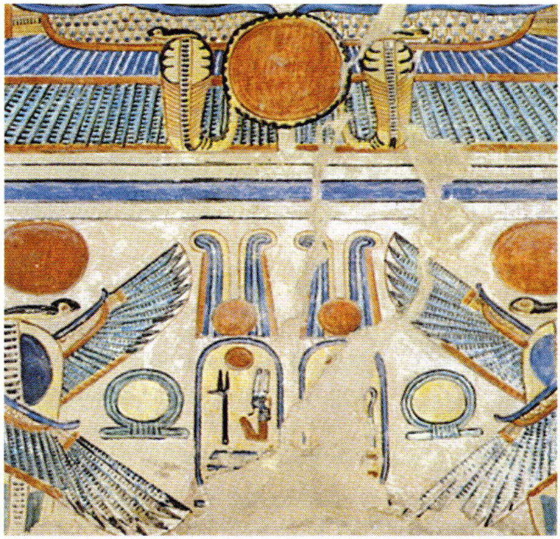

TOMBE DE AMON-HER-KHEPECHEF. DESSIN DE L'ARCHITRAVE REPRÉSENTANT DEUX URAEUS ENCADRANT LE DISQUE SOLAIRE AILÉ. DANS LA PARTIE INFÉRIEURE, DEUX COBRAS AILÉS PROTÈGENT LES CARTOUCHES PORTANT LE NOM DE RAMSÈS III.

La vallée des Nobles

REPRÉSENTATION DE L'INTENDANT ROYAL, KYKY, SUIVI DE SON ÉPOUSE.

LA VALLÉE DES NOBLES

Les imposantes nécropoles des grands dignitaires du Nouvel Empire se situent sur les collines de Sheikh Abd el-Gourna et d'El-Khokha. Elles sont beaucoup plus simples que les tombeaux royaux et présentent toutes la même physionomie: elles sont précédées d'une terrasse à ciel ouvert à laquelle fait suite un vestibule dont les parois peintes décrivent les fonctions du défunt lorsqu'il était en vie. Ce dernier est quelquefois accompagné de son épouse ou de parents.

Les peintures de ces tombes sont caractérisées par une fraîcheur, une vivacité et un réalisme qui restituent parfaitement la vie de cour à l'époque pharaonique. Les tombes principales du site de Sheikh Abd el-Gourna sont celles de Sennefer, de l'astronome Nakht, du fonctionnaire du cadastre Menna, du vizir Ramose, du vizir Rekhmirê.

Les plus belles de El-Khokha sont celles du deuxième prophète d'Amon Pouiemrê, du chef des scribes et inspecteur du bétail d'Amon Neferhotep, du majordome Parennefer, des sculpteurs Nébamon et Ipouky et du scribe du trésor Neferrenpet, dit aussi Kenro.

Une autre nécropole existe au sud-est de Deir el-Médineh, à Gournet Mourrahi. Elle est consacrée aux tombeaux des prêtres et des fonctionnaires de la XIXe dynastie. Un tombeau est plus ancien; c'est celui d'Amenhotep, dit Houy, qui fut vice-roi de Koush sous Toutankhamon.

Enfin, à El-Assassif, près de Deir el-Bahari, sont répartis sur une distance considérable les tombeaux de hauts fonctionnaires, pour la plupart de la XIXe dynastie et surtout de la XXVIe dynastie. Le tombeau du majordome de Tiyi, Khérouef, dit Senaa, date de la XVIIIe dynastie.

TOMBE DE NAKHT

La tombe de Nakht, scribe et astronome d'Amon au temple de Thoutmôsis IV et dont l'épouse était chanteuse d'Amon, a l'aspect classique d'un hypogée de la XVIIIe dynastie. C'est l'une des mieux conservées de Sheikh Abd el-Gourna. Sa décoration, très soignée, n'occupe que le seul vestibule central.

TOMBE DE NAKHT. DÉTAIL DU BANQUET FUNÉRAIRE.

PAGE DE DROITE : TOMBE DE NAKHT. DAME DE LA XVIIIE DYNASTIE TENANT À LA MAIN UN COLLIER DE PERLES APPELÉ *MÉNAT* QUI SERVAIT AUSSI DE CRÉCELLE.

TOMBE DE NAKHT.
REPRÉSENTATION D'UN PORTEUR D'OFFRANDES AUX RAISINS.

TOMBE DE NAKHT.
MUSICIENNES LORS DU BANQUET FUNÉRAIRE.

TOMBE DE NAKHT.
SEMAILLES.

TOMBE DE NAKHT. LE PRESSAGE DU VIN, LES EMPLOYÉS SE RETENANT À UNE CORDE.

TOMBE DE REKHMIRE

Rekhmirê était ministre de Thoutmôsis III et de son fils Aménophis II. Sa tombe relate en détail ses fonctions et en particulier la perception des impôts et des tributs des pays étrangers, particulièrement le pays nubiens de Pount. Sur l'un des murs du passage menant à la chambre funéraire, il est montré supervisant des livraisons et inspectants de nombreux ateliers d'artisans.

PAGES PRÉCÉDENTES : TOMBE DE NAKHT. SCÈNE DE CHASSE À LA MANIÈRE D'UN COMBAT CONTRE LE CHAOS AYANT POUR BUT DE PROTÉGER LE DÉFUNT. LES OISEAUX SONT CHASSÉS AU BOOMERANG.

TOMBE DE REKHMIRÊ. REPRÉSENTATION DE JARDIN PRIVÉ AVEC UN ÉTANG CENTRAL OÙ LE DÉFUNT NAVIGUE SUR UN ESQUIF EN PAPYRUS.

TOMBE DE REKHMIRÊ.
DÉTAIL D'UNE SCÈNE
DE BANQUET
FUNÉRAIRE.

TOMBE DE REKHMIRÊ.
MUSICIENNES LORS DU
BANQUET FUNÉRAIRE.

TOMBE DE REKHMIRÊ.
CONFECTION DES
BRIQUES DE TERRE
CRUE.

PAGE DE DROITE :
TOMBE DE REKHMIRÊ.
LE TRIBUT DES
HABITANTS DE POUNT,
DE L'OR ET DES BOEUFS.

TOMBE DE REKHMIRÊ.
ATELIER DE POTERIE,
POLISSAGE D'UNE
JARRE.

TOMBE DE REKHMIRÊ.
CHARPENTIER AU
TRAVAIL.

TOMBE DE SENNEFER. CETTE TOMBE EST BAPTISÉE «TOMBE DE LA VIGNE» À CAUSE DU DÉCOR DE SON PLAFOND QUI RESSEMBLE À UNE TREILLE.

TOMBE DE SENNEFER

Sennefer était «Maire de la Cité du sud», c'est-à-dire de Thèbes, et administrateur des greniers et des Animaux consacrés à Amon sous Aménophis II. Sa tombe, très célèbre grâce à son décor de vigne, est atteinte par un escalier de quarante-trois marches.

TOMBE DE SENNEFER.
SENNEFER ET SON ÉPOUSE.

TOMBE DE SENNEFER.
GROUPE DE VACHES SACRIFIÉES POUR LE BANQUET FUNÉRAIRE.

TOMBE DE SENNEFER.
SENNEFER ET SON ÉPOUSE VOYAGEANT SUE LE NIL DEVANT UN SERVITEUR PRÉSENTANT DES OFFRANDES.

TOMBE DE SAMOUT

Samout, surnommé Kyky, était «Scribe comptable du bétail d'Amon et de tous les Dieux de Thèbes". Dans une des salles de sa tombe, on peut lire un important texte juridique dans lequel le défunt lègue ses biens au temple de Mout plutôt qu'à sa famille. Cette tombe fut longtemps abandonnée et servit même d'écurie, mais ses couleurs sont restées vives.

TOMBE DE SAMOUT. SCÈNE DE VOYAGE DE LA DÉPOUILLE DE SAMOUT À ABYDOS. LA BARQUE EST ICI TIRÉE PAR LE BATEAU REMORQUEUR À LA RAME.

TOMBE DE RAMOSE

La tombe du vizir Ramose présente la particularité d'être creusée dans un calcaire très pur et de ce fait se prête idéalement à la sculpture, comme en témoignent de superbes hauts-reliefs.

TOMBE DE RAMOSE. LE TRANSPORT DU MOBILIER FUNÉRAIRE DE RAMOSE.

TOMBE DE RAMOSE.
INVITÉ ASSISTANT AU
BANQUET FUNÉRAIRE
DE RAMOSE.

TOMBE DE OUAH

Ouah était sommelier du pharaon Thoutmôsis III. Sa tombe fut partiellement usurpée par Meryt-Amon, «fils aîné du roi". Les décors de sa tombe sont pour la plupart liés à sa fonction d'organisateurs des fêtes royales.

TOMBE DE OUAH.
SCÈNE DU BANQUET
FUNÉRAIRE DE OUAH.

TOMBE DE MENNA.
SCÈNE DE CHASSE ET
DE PÊCHE.

TOMBE DE MENNA

Menna était «Scribe du Cadastre du Maître du Double Pays de Haute et Basse-Égypte". Sa tombe, bien conservée, est vivement peinte et les scènes figurées sont à leurs places dans la logique du rituel funéraire.

TOMBE DE MENNA.
PRÉSENTATION
D'EMPLOYÉS SOUMIS ET
BASTONNADE D'UN
EMPLOYÉ
RÉCALCITRANT SOUS
LES YEUX DE MENNA.

TOMBE DE MENNA.
RAMASSAGE ET
BATTAGE DES ÉPIS SOUS
L'OEIL DE MENNA,
FONCTIONNAIRE DU
CADASTRE. A NOTER LES
EFFETS PERSPECTIFS
RENDUS PAR LES
DIFFÉRENTES TAILLES
DES PERSONNAGES.

TOMBE DE MENNA. SCRIBE ET SES ASSITANTS MESURANT UN CHAMP DE BLÉ POUR DÉTERMINER L'IMPÔT. EN DESSOUS, LE GRAIN EST ENREGISTRÉ AU BOISSEAU.

TOMBE DE MENNA. MENNA ET SON ÉPOUSE FAISANT DES OFFRANDES AUX DIEUX.

TOMBE DE MENNA. OSIRIS, LE DIEU DES MORTS.

TOMBE DE MENNA. MENNA RENDANT HOMMAGE AUX DIVINITÉS.

TOMBE DE MENNA.
PORTEURS
D'OFFRANDES DE
FLEURS.

PAGES PRÉ
TOMBE DE
INVITÉES A
FUNÉRAIRI
PORTENT S
DES PETITS
PARFUM.

PAGE DE D
TOMBE DE
NEFERREN
SUIVI DE IS
NEPHTHYS
DES QUATI
D'HORUS, I
DES VASES

LA DÉESS
SUR
LE PLAFO
DU CAVEA
FUNÉRAI
DU PRÊTR
NAKHTAI
À DEIR-EI

CI-CONTRE :
CRÉATION
QUOTIDIENNE DU
SOLEIL QUI SORT DES
ENTRAILLES DE NOUT,
“ MÈRE DU SOLEIL ”

CI-DESSUS :
NOUT AVALANT
LE SOLEIL
À SON COUCHER

TOM
NAK
L'OM
DÉF
AMC
DE S

CI-DESSUS :
TOMBE DE AMENEMHAT. LE HARPISTE AVEUGLE JOUANT POUR LE BANQUET FUNÉRAIRE D'AMENEMHAT.

TOMBE DE OUSERHAT. INSCRIPTION MENTIONNANT «OSIRIS, LE PREMIER DES OCCIDENTAUX» ET «HATHOR, SUR LA MONTAGNE OCCIDENTALE".

CI-CONTRE :
TOMBE DE NEBAMON ET IPOUKY. LA PESÉE SOUS LE CONTRÔLE DE MAÂT, GARANTE DE L'EXACTITUDE.

LA VALLÉE DES ARTISANS

ARTISANS TRAVAILLANT
À LA DÉCORATION
D'UNE TOMBE.
TOMBE DE IPY
À DEIR-EL-MÉDINEH

LA VALLÉE DES ARTISANS

Une troisième vallée fut utilisée comme lieu de sépulture sous le règne des Ramsès, celle des artisans. Elle se trouvait, au-delà de la colline de Gournet Mourahi, en bordure immédiate du village de Deir el-Médineh où résidait, depuis le règne de Thoutmôsis Ier, les «serviteurs de la Place de Vérité», c'est-à-dire les ouvriers et les artisans chargés de la réalisation des hypogées royaux. Ce village comptait quelque soixante-dix maisons à l'intérieur des murs, plus d'une soixantaine à l'extérieur. A cause de leur lien étroit avec les tombes royales, ces ouvriers étaient considérés comme «détenteurs de secrets» et devaient donc habiter un village entouré de remparts. On estime que sous les Ramessides, au moins quatre cents personnes habitaient à Deir el-Médineh.

Les artisans étaient divisés en deux «partis», ceux qui travaillaient aux parois de droite et ceux qui travaillaient aux parois de gauche, chacun avec son chef, son délégué et un ou plusieurs scribes. Leur supérieur était le vizir, qui venait occasionnellement leur rendre visite ou leur envoyait un «échanson» royal. Les artisans logeaient sur le lieu de leur travail pendant la semaine, qui durait dix jours. Neuf journées de huit heures étaient consacrées à la nécropole royale, le dixième jour étant affecté à la décoration de leur propre tombe. Ils ne retournaient au village que les jours de repos et pour les fêtes religieuses.

Certains artisans ou maître d'œuvre, les plus compétents, avaient reçu l'autorisation de se faire ensevelir à proximité de leurs maîtres. Petites et peu nombreuses, ces tombes étaient décorées, dans un style beaucoup plus alerte, par les artisans eux-mêmes. Les plus belles sont la tombe du «chef d'équipe» Inherkhâou, qui illustre longuement le Livre des Morts, et celle de Sennendjem qui évoque les Champs d'Ialou, le paradis égyptien. On peut citer également celles de Pashédou et d'Ipouy.

LA TOMBE DE SENNEDJEM

La tombe de Sennedjem, fonctionnaire de la nécropole sous la XIXe dynastie, est probablement la plus belle de la vallée des Artisans par la fraîcheur des couleurs de sa chambre funéraire. Le mobilier qu'elle contenait est aujourd'hui exposé au Musée égyptien du Caire.

TOMBE DE SENNEDJEM. REPRÉSENTATION DU SOLEIL. LE DISQUE SOLAIRE, HORAKHTI-ATOUM, «PAREIL À UN JEUNE VEAU» ET RÊ-HORAKHTI.

TOMBE DE SENNEDJEM. VOYAGE DE LA BARQUE SOLAIRE. DEVANT RÊ-HORAKHTI SE TIENT L'OISEAU *BENOU*, L'ÂME DE RÊ. DERRIÈRE LUI SE TIENNENT DES DIVINITÉS STELLAIRES FORMANT L'ÉQUIPAGE DE LA BARQUE.

SCARABÉE, SYMBOLE DU SOLEIL MATINAL. TOMBE DE SENNEDJEM.

PAGE DE DROITE : TOMBE DE SENNEDJEM. SENNEDJEM ET SON ÉPOUSE RECEVANT L'EAU DES MAINS D'ISIS, LA DÉESSE DU SYCOMORE.

TOMBE DE SENNEDJEM.
DÉTAILS DES JARDINS
D'IALOU MONTRANT
SENNEDJEM ET SON
ÉPOUSE TRAVAILLANT
DANS LES CHAMPS,
LABOURANT ET
MOISSONNANT.

TOMBE DE SENNEDJEM.
ANUBIS PRENANT SOIN
DE SENNEDJEM.

TOMBE D'INHERKHÂ.
BARQUE SOLAIRE AVEC,
DE DROITE À GAUCHE,
ISIS, THOT, KHÉPRI, UNE
AUTRE DIVINITÉ ET
INHERKHÂ LUI-MÊME
AU TIMON.

CI-DESSOUS :
TOMBE D'INHERKHÂ.
SCÈNE DE VIE DE
FAMILLE.

LA TOMBE D'INHERKHA

Inherkhâ était «Chef en second du Maître du Double Pays dans la Place de Vérité» sous les règnes de Ramsès III et Ramsès IV. Il était ainsi chargé de coordonner les travaux des ouvriers et s'était fait construire pour lui-même deux tombes, dont celle-ci qui était la plus proche du village de Deir el-Médineh.

TABLE DES MATIÈRES

Compogravure : Minerve – Châtel-Censoir.
Impression, brochage : P.P.O. – Pantin.